ペットのピコが急にしゃべりだして、文章の書き方を教えてきたんだけど!?

こな・つむり

JN032805

KADOKAWA

はじめに

　　タブレットで大好きなユーチューバーのゲーム実況を見ようとリビングに向かったぼくは、思わずテレビに釘づけになった。真夏の太陽に焼かれて真っ黒な高校野球の選手を、じっとみつめる。

　　夏休みに冷房の効いた部屋でユーチューバーのゲームの実況動画を見る小学5年生の自分と、汗まみれになる選手。

 ぼくもあんなふうになれたらいいのに

　　そう言葉にしようとして、すぐにやめた。この前の少年野球の試合ではこっぴどく負けたばかり。

　　叶わないことを口にするのが、なんとなく恥ずかしかったのだ。

 ぼくにはムリムリ

　　ぼくはテレビのスイッチを消して、笑い飛ばすように言った。

何がムリなんだね？

　少し古臭さい言葉で、誰かがぼくの声に応えた。

だ、誰だ！

　とっさに近くにあった野球バットを握りしめた。姿勢を低くして、じっと部屋を見わたす。

　これ、ふみ。それは野球ボールを打つための道具だよ。おろしなさい

　「これ、ふみ」という言い方には、なんとなく聞き覚えがあった。少しだけ怖い気持ちがほぐれたぼくは、バットを握る手をおろして、部屋のすみに目を向けた。

　文鳥のピコがつぶらな瞳でカゴの中のとまり、木にちょこんと座っている。

　白くて、ちっちゃい大福みたいなペットの「ピコ」。桜色のくちばしで、やさしくさえずるかわいい小鳥だ。そんなピコが、ぼくに向かって落ち着いた声で言った。

　そんなに怖い顔をしないでおくれ

　ぼくは驚きのあまり、バットを床に落としてしまった。

ピコがしゃべった！

　鳥だけど、話せるようになったんだ。ふみに伝えたいことがあってね

　ピコはうれしそうにチュンチュン鳴いた。

ぼくは胸の鼓動を抑えるように、大きく息を吸って頭を回転させる。

　🐦 ヤバッ!!　なんで？

　自分の気持ちが絡まってぐちゃぐちゃになるのがもどかしくて、イライラする。

　🐤 ふみは自分の気持ちを伝えるのが苦手なんだな。うまく伝えられず、悔しくなって……。小さいときはよく泣いていたなあ

　ぼくは目をしばたたかせて、カゴの中の文鳥をみつめた。

　🐦 どうしてそれを知っているの？

　🐤 ふみのペットだからね。ずっとカゴの中から見ていたんだよ

　🐦 でも……だって、そんな昔のこと

　文鳥が誇らしげに鳴いた。恐る恐る扉を開けて、人差し指にピコを乗せてみる。

　🐤 話せてうれしいよ、ふみ

　たしかに、くちばしから言葉をつむいでいる。

　🐦 本当の、本当に、ピコなの？

　🐤 そうだよ。なんだかふみがピンチな気がして、ふみを助けたいと思っていたら、神様がピコを話せるようにしてくれたんだ

　ぼくはしげしげとピコをみつめる。

　🐦 ピンチって？　別に困ったことなんてないけど

🦉 　夏休みの宿題、そろそろ手をつけないとまずいんじゃないか？

　ぼくは心の奥にしまいこんでいた心配事をずばり言い当てられて、

ドキリとした。

🦉 　図星なんじゃないか？

　ピコはぼくの机に向かって滑空して、小枝のような足先で器用に

ノートの端を指す。

　それはさっきぼくが投げ出した夏休みの宿題の日記だった。

🦉 　毎日、日記を書くことにずいぶん手間取っているみたいだな

🐵 　仕方ないだろ。苦手なんだから

🦉 　いいか、ふみ。「自分の気持ちを表現する力」を手に入れたら

とっても便利だよ。夏休みの日記なんかあっという間に終わるし、

将来の夢を叶えるときにも役立つんだ

🐵 　日記とぼくの将来になんの関係があるのさ？

🦉 　自分の気持ちを理解していると、周りの人に自分の考えを伝え

ることができるんだ

🐵 　つまり、どういうこと？

🦉 　友達や先生、家族とコミュニケーションがとれるようになる。

チームワークが高まるってことだ。ふみの習っている野球にも、お

となになったときの仕事にも役立つ。仕事では自分の意見を言わな

きゃならない場面がたくさんあるからね

🐵 　いまいちピンとこないな

🐦 読書感想文もふみが全然手をつけていないのも知っているよ。自分の気持ちを表現できるようになれば、ふみが苦戦している読書感想文も日記もすぐに片づく

　ピコがボールを投げる素振りをする。文鳥の体のくせに、やたらとフォームがきれいだ。

🐦 文章の書き方を教えてあげる！　そうしたら、宿題もあっという間に片づいて、ふみが好きな野球もたくさんできる

　今度はバッティングをする姿でぼくに語りかけるピコを、もう一度、まじまじとみつめた。

　やっぱり、文鳥がいきなり話しだすなんて、ふみには到底、信じられなかったけれど、退屈だった夏休みが楽しくなりそうな予感がした。

おうちの方へ
読書感想文は本選びが5割

「どんな本を選べばいいですか？」この質問をよくいただきます。答えは「どんな本でも構いません」。

　読書感想文は課題図書や物語しかだめだと思っていらっしゃる方が多いのですが、実はどんな本でもいいのです。図鑑でも、コミックでも、料理本でも、自己啓発本でも、絵本でも、スポーツの技法書でも構いません。

　どんな本でもいいというなら、課題図書でもいいのではと思う方もいるかもしれませんね。どんな本でもいいのですが、感想文の書きやすい本というのがあるのです。

　それは、お子さんが好きなことが題材になっている本です。野球をしている子には野球の本やコミックを、虫が好きな子には図鑑をおすすめします。うちの子はゲームの『マインクラフト』が大好きなので、マイクラ関連の本で読書感想文を書きました。

　好きなことなので話したいことがたくさんあります。そして「気付き」や「学び」で言葉が溢れ出て止まらないくらい、何より目の輝きが違います。原稿用紙3〜5枚くらいすぐに埋まってしまいます。

　子どもの興味のない本は選ばないでください。

　読書感想文は本選びが5割です。どうか「お子さんの好き」を尊重していただけますようお願いいたします。

もくじ

2 磨けば
光る作品になる　50

3 もっともっと すごい文章が 書きたい 82

デザイン　三木俊一（文京図案室）
イラスト　ool
編集協力　椎橋萌美
DTP　アーティザンカンパニー
校正　文字工房燦光

登場人物紹介

ふみ

小学5年生の男の子。野球クラブに入っていて、将来の夢は野球選手。人気ユーチューバーのゲーム実況動画のファンでもある。

ピコ

ふみが飼っているペットの文鳥。突然、しゃべりだして「文章の書き方を教えてあげる」と言いだして……?

読書感想文を
さくっと片づける
魔法の呪文

自分の気持ちを言葉にする

　その晩、ぼくはピコを肩に乗せて、夏休みの宿題の日記を書いた。今日はいろいろなことが起こったから、日記に書くことがたくさんある。

　昨日の日記よりは、うまく書けた気がした。

　ピコはふみの肩からノートにちょこんと降りて、日記を読みあげる。

　『今日はテレビで甲子園の試合を見ていたら、選手がすごかった。ペットの文鳥のピコがすごい話しかけてきたので、ピコと遊んだ。すごい楽しかった』

　ぼくの作文を読みおえたピコは「ピィ」と小さく鳴いて言った。

〜〜〜〜〜

🐧 ……ふみの文章は「すごい」が多いねえ

🦭 だって、すごかったんだもん

🐧 「すごい」は便利な言葉だからね。ついたくさん使ってしまいがちだけど、便利だからこそ本当に伝えたいことが的確に伝わらないときがあるんだ

🦭 すごいって便利なの？

🐧 そうだよ。「すごい」と一言で言っても、いろんな意味がある。鉛筆をピコに貸して。たとえば、この「すごい」は次の意味に置きかえられる

今日はテレビで甲子園の試合を見ていたら、選手がすごかった。

▶よい印象の意味にとれる

「かっこよかった」「素晴らしかった」「球が速かった」「足が速かった」などの言葉に置きかえられる

▶悪い印象の意味にとれる

「応援マナーが悪かった」「ミスをしていた」などの言葉に置きかえられる

🫘 ぼくはピッチャーの選手がビシバシ三振を取っていたから、かっこいいって意味で「すごい」を使ったけど、たしかに正反対の意味にも読めるな……

🐤 そうだろう？　他にも「すごい」にはこんな意味もある

　　ペットの文鳥のピコがすごい話しかけてきたので、ピコと遊んだ。すごい楽しかった。

┌─────────────────────────────────┐
　　▶「たくさん」「いっぱい」などの量を表す言葉に置きかえられる
└─────────────────────────────────┘

🫘 本当だ。すごいって一言で言っても、いろいろな意味があるんだな。知らなかったよ

🐤「選手がすごかった」と書くよりも、「ピッチャーの選手がビシバシ三振を取っていたから、かっこよかった」と書いた方が自分の思ったことをより正確に伝えられると思わない？

🫘 たしかに、そうだね

🐤 こうやって、知っている言葉を組み合わせることで、伝わる文章が作れるんだよ

🫘 わざわざ難しい言葉を使わなくてもいいんだね

その通り！　明日から早速、読書感想文に取りかかろう！

ピコのおまとめ

◎「すごい」のような便利な言葉を使うよりも、自分の思ったことを正確に伝えられる言葉を使おう

◎難しい言葉を使わなくても、知っている言葉を組み合わせることで、伝わる文章は作れる

「すごい」を別の言葉に変換してみよう

「すごい」という言葉にはいろいろな意味がある

すごい ►たくさん

　　　 ►よい・格好いい・美しい

　　　 ►好き

　　　 ►おもしろい

　　　 ►がんばっている

　　　 ►ひどい・呆れた・情けない

類語辞典を見るともっとたくさん載っているよ

最初のレッスン

自分の好きな人のすごいところについて、考えてみよう

好きなものや興味のあることはスラスラ話せるものだから、今回のお題は初心者のふみにピッタリなんだ

たしかに、「推し」についてずっと語っている人っているよね

①きみの好きな人をあげてみよう

ピコのヒント

周りの友達や家族、学校の先生でもいいし、アイドルやユーチューバー、スポーツ選手、小説家でもいいよ

ふみの答え

ぼくは、応援しているチームの野球選手のことを考えてみるよ

②その人のどんなところがすごいか、考えてみよう

ピコのヒント

自分が使っている「すごい」にはどんな意味があると思う？「すごい」に隠された自分の気持ちを探ってみよう。

「すごい」と言っても「やさしい」「かっこいい」「努力家」など、いろんな「すごい」が隠れていることがわかるはずだよ

ふみの答え

ファンにやさしいところ、チームのピンチでホームランを打つのがかっこいいし、練習を毎日、欠かさずにしていて、努力家なところ。そういうところがすごいって思っている

好きなジャンルなら
一冊読める。
読めたなら感想が書ける

　真っ白な原稿用紙と、1ページも読んでいない本を前に、ぼくは
絶望していた。夏休みも残りわずかだというのに、読書感想文の宿
題がちっとも進まない。

　一体何から手をつけたらよいのだろう。

　読書感想文を書ける人に言わせると「感想文なんて、ただ本を読

んで、ただ思ったことを書くだけ」らしいけど、それができたらどんなに楽か。

　そもそも、ぼくは読書が苦手なのだ。

　びっしり書かれた文字を追うだけで、眠たくなってくる。

　ぼくはおもむろに本を開いて、ページをパラパラとめくってみた。

〜〜〜〜〜〜〜

🐰　ふみはずいぶん、難しい本を読むんだな

🌰　それが全然読めてない。内容がわからなくて、つまらない

🐰　夏目漱石は、ちょっと難しいかもなあ。ふみは読書が苦手なんだろう？

🌰　うん。絵がなくて文字ばっかりの本はめまいがしてくる

🐰　ふみはなぜ、わざわざ難しい本を読もうとするんだ？

🌰　だって、読書感想文は分厚い本を読まなくっちゃいけないんでしょ？

🐰　別にそんな決まりはないぞ。本を読むのが苦手なら、すぐに読みおわる本を選べばよかろう

🌰　よかろう、って言うけど、すぐに読みおわる本って、ある？

🐰　この本は、ふみが内容を見て、選んだってわけじゃなさそうだけど

🌰　うん。ネットで読書感想文におすすめって書いてあったから買ったんだけど、ページをめくってみたら、難しい本だったんだ

🐧 そうだろうね。はじめから自分が興味のある内容の本を選べばすぐに一冊読みおえられたはずだよ

🐦 でも、ぼくはそもそも本を読むのが苦手なんだ。興味のある本でも、最後まで全部読みきれる気がしないよ

🐧 昔、ふみに絵本を読み聞かせしたときは、最後まで楽しんでいたじゃないか

🐦 え、絵本の読み聞かせ？　ピコが、ぼくに？

🐧 何を言っているんだ。鳥が読み聞かせをするわけないだろう。家族に読んでもらってたじゃないか

🐦 ああ、そういうことね。たしかに、絵本はよく読んでもらったけど、小さい子どもならともかく、ぼく小5だよ？　読書感想文の本を絵本にしてもいいの？

🐧 どんな本も読まずにいるより、絵本の読書感想文を提出した方がよっぽど立派。それに絵本を馬鹿にはできないぞ。おとなも子どもも魅了する深みが、絵本にはあるんだ

🐦 おとなが夢中になる絵本もあるって聞いたことあるな

🐧 たくさんの文字を読むのが苦手なら、図鑑だっていい

🐦 図鑑も本のひとつと捉えていいんだ

🐧 要は自分が好きなものなら、なんだっていいんだ。映画が好きな人なら映画の原作本、アニメが好きな人ならアニメのノベライズ。興味のある本なら、あっという間に読みおわるよ！

🐦 改めて考えると、ぼくが好きなものってなんだろう

🐧 それでは、ふみにぴったりの本を一緒に探そう。P24の「夢中になれる本のジャンルをみつけよう！」のチャートに沿って質問していくから、ふみはそれに答えて。まずひとつめ、「本を読むのが好き？」

🫦 好きじゃないな。だから「いいえ」

🐧 じゃあ次。「10ページ以上ある本を読める？」

🫦 うーん。文字の大きさにもよるけど、10ページはいけるかも。だから「はい」

🐧 ……なるほど。ふみにおすすめの本のジャンルがわかったぞ

🫦 ジャンル……。本の種類ってことだね

🐧 「スポーツ選手のエッセイ」という結果だね。たとえば野球選手の生い立ちや、どのようなことを考えながら練習や試合に向き合っているのかを書いている本だ

🫦 それは気になるな。でも、文字が多いのは嫌だな

🐧 読む本は自分で選ぶのがコツだ。ふみでも読める文字量の本を、実際に本屋さんや図書館に行って探してみよう。じゃあ早速、本屋に行くぞ！

ピコのおまとめ
◎自分が読む本は自分で選ぼう
◎最後まで読めるような本をみつけよう。絵本や図鑑も立派な本

夢中になれる本のジャンルをみつけよう！

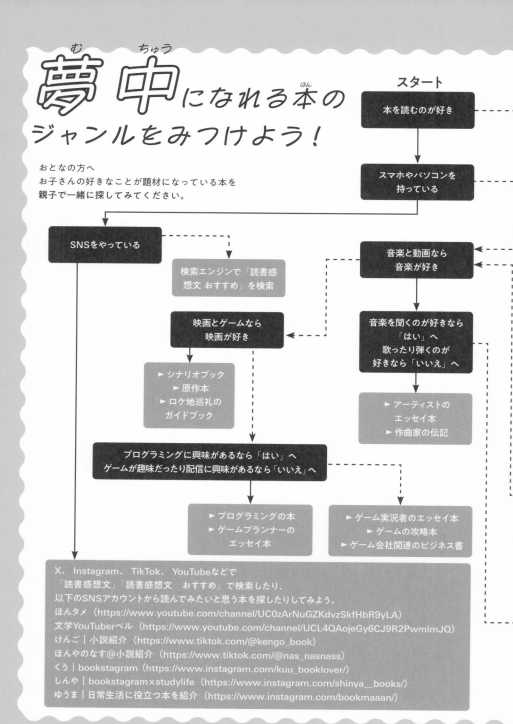

おとなの方へ
お子さんの好きなことが題材になっている本を
親子で一緒に探してみてください。

スタート

本を読むのが好き

スマホやパソコンを持っている

SNSをやっている

検索エンジンで「読書感想文 おすすめ」を検索

映画とゲームなら映画が好き

▶ シナリオブック
▶ 原作本
▶ ロケ地巡礼のガイドブック

プログラミングに興味があるなら「はい」へ
ゲームが趣味だったり配信に興味があるなら「いいえ」へ

▶ プログラミングの本
▶ ゲームプランナーのエッセイ本

▶ ゲーム実況者のエッセイ本
▶ ゲームの攻略本
▶ ゲーム会社関連のビジネス書

音楽と動画なら音楽が好き

音楽を聞くのが好きなら「はい」へ
歌ったり弾くのが好きなら「いいえ」へ

▶ アーティストのエッセイ本
▶ 作曲家の伝記

X、Instagram、TikTok、YouTubeなどで
「読書感想文」「読書感想文 おすすめ」で検索したり、
以下のSNSアカウントから読んでみたいと思う本を探したりしてみよう。
ほんタメ（https://www.youtube.com/channel/UC0zArNuGZKdvzSkfHbR9yLA）
文学YouTuberベル（https://www.youtube.com/channel/UCL4QAojeGy6CJ9R2PwmlmJQ）
けんご｜小説紹介（https://www.tiktok.com/@kengo_book）
ほんやのなす@小説紹介（https://www.tiktok.com/@nas_nasnass）
くう｜bookstagram（https://www.instagram.com/kuu_booklover/）
しんや｜bookstagram×studylife（https://www.instagram.com/shinya__books/）
ゆうま｜日常生活に役立つ本を紹介（https://www.instagram.com/bookmaaan/）

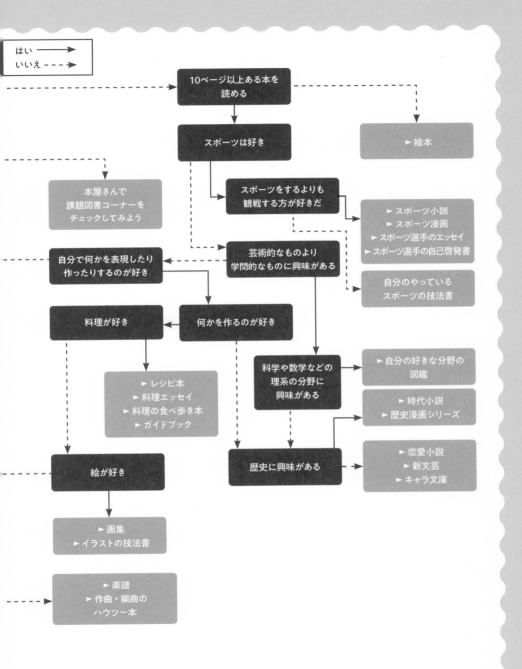

はい ━━━▶
いいえ ---▶

10ページ以上ある本を
読める

スポーツは好き

▶ 絵本

本屋さんで
課題図書コーナーを
チェックしてみよう

スポーツをするよりも
観戦する方が好きだ

▶ スポーツ小説
▶ スポーツ漫画
▶ スポーツ選手のエッセイ
▶ スポーツ選手の自己啓発書

自分で何かを表現したり
作ったりするのが好き

芸術的なものより
学問的なものに興味がある

自分のやっている
スポーツの技法書

料理が好き

何かを作るのが好き

科学や数学などの
理系の分野に
興味がある

▶ 自分の好きな分野の
図鑑

▶ レシピ本
▶ 料理エッセイ
▶ 料理の食べ歩き本
▶ ガイドブック

▶ 時代小説
▶ 歴史漫画シリーズ

絵が好き

歴史に興味がある

▶ 恋愛小説
▶ 新文芸
▶ キャラ文庫

▶ 画集
▶ イラストの技法書

▶ 楽譜
▶ 作曲・編曲の
ハウツー本

心が動いたところに
付箋を貼ろう

「興味ある本だと、続きが気になってすぐに読みおわるなあ」

　ぼくは選んだ本をあっという間に読みおえた。有名な野球選手のエッセイは、ぼくと同じ年齢の頃の話も書かれていて、今からがんばれば、ぼくでも野球がうまくなれるかもしれないと思わせてくれた。

「おもしろかった〜」ぼくはそう言って本を机に置く。

　読書感想文で一番大変なのは、本を読むことだ。大変なところを終わらせたんだから、実際に書くのは後でいいや。

　ぼくはタブレットを手にして、昨日の夜に途中まで見ていた大好きなユーチューバーのゲームの実況動画を開いた。

　それなのに、ピコはそんなぼくを目ざとくみつけて、声をかけてきた。

「これ、ふみ。『鉄は熱いうちに打て』と言うだろう？　本を読みおわってすぐにやらないといけないことがあるんだ」

〜〜〜〜〜〜〜〜

　えー。でも、明日でもよくない？

　だめだ。**早ければ早いほどいい**。読んだ本はどうだった？

　どうって……そんな突然聞かれても。おもしろかった、かな

　どこが、どんなふうに？

　そんな学校の先生みたいなこと言わないでよ。ぼくが自分の意見を言うのが苦手だって知ってるのに、いじわるだなあ

　ごめんごめん。でも、今のでわかっただろう？　なんにも用意をしていない状態で突然、感想を聞かれると、うまく気持ちを言えないってことが

　たしかに、頭が真っ白になって何も言えなかった

　感想文を書くためには、それなりの装備が必要だ。なんとなく

本を読んでいても、「どこがよかった？」と聞かれるととっさには答えられない。それはむきだしの体のままで戦いにいくようなもの。「表現」という武器を装備していない状態なんだ

😮 簡単に言うけどさ、「表現」なんてぼくにはムリだよ

🐧 ふみはエッセイを読んで「おもしろかった」と言っていたね。ふみは今、何も「表現」の装備をしていないから、どこがどんなふうにおもしろかったのか、とっさに伝えられないだけなんだよ

😮 そうかも。どこがおもしろかったのか、思い出せないや

🐧 だったら、**聞かれたときにすぐ答えられるよう、おもしろいと思った部分に目印をつけるんだ**。付箋ってのがあるだろう？

😮 貼ってはがせる紙のこと？

🐧 その付箋を好きだと思ったページに貼っておけば、読みおわってもおもしろかったページが一目瞭然だ

😮 読んでいておもしろいって思ったら、付箋を貼ればいいのか

🐧 そう。つまり**付箋を貼りながら読んでいく**ってわけ

😮 でも、付箋をたくさん貼ったら、どれがどんなふうにおもしろかったのか混乱しそうだな

🐧 おもしろかった部分には「ピンクの付箋」、おもしろくないと思った部分には「青の付箋」で色分けすると、うまく整理できる

😮 おもしろくないと思った部分にも付箋を貼るの？

🐧 そう。おもしろかった部分だけの読書感想文より「ここがおもしろくなかったです」「なぜそう思ったかというと」なんて感想が

書けるじゃないか

😎 悪い気持ちなんて、書いちゃいけないのかと思ってた

🐧 「好き」も「嫌い」もその人の大切な感想。感想文はそういった「自分だけの気持ち」を表現するものなんだよ

😎 感想文って自分の思ったことを好きに書いていいんだね

🐧 「笑った」「泣いた」「嫌な気持ちになった」「びっくりした」。なんでもいい。気持ちが動いた場所にどんどん付箋を貼っていこう。本1冊で5〜6か所、付箋が貼れたらいいね

😎 気持ち別に色分けして付箋をつけていくと、本がカラフルになるね

🐧 それだけ、ふみがたくさんの感情を持った、ってことだよ

ピコのおまとめ

◎気持ちが動いた部分に付箋を貼ろう

「感動した」「おもしろかった」「笑った」というプラスな気持ち、「つまらなかった」「悲しかった」「怖かった」といったマイナスな気持ち、両方の気持ちに付箋を貼ろう

◎重要な1ページを決めて、感情が動いた付箋に印をつけよう

実際に 付箋を貼ろう

付箋とは、目印として貼りつける小さな紙のこと。文房具屋さんで売っているよ

本を読んで、おもしろかった部分には「ピンクの付箋」を貼ろう。他にも「感動した」「おもしろかった」「笑った」「感動で泣いた」というプラスな気持ちにもピンクの付箋。

　おもしろくないと思った部分には「青の付箋」を貼ろう。他にも「つまらなかった」「悲しかった」「怖かった」「嫌な気分になった」というマイナスな気持ちにも青の付箋。

付箋を貼ったら、特に大切だと思うページを選ぼう！　大切なページは必ずひとつに絞って、それがどこか見てわかるように、付箋に印をつけるなどして、工夫をするといい

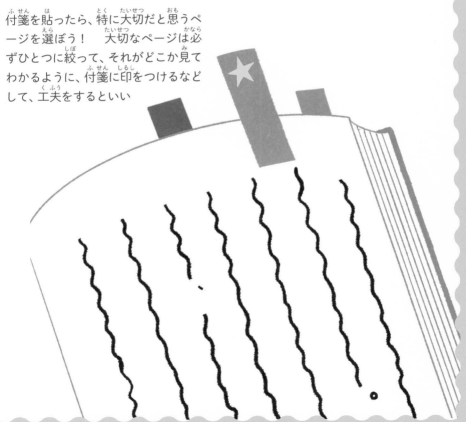

感想文は
下書きが命

ぼくは激しく後悔していた。

まさかこんなことになるなんて、自分を許せない。

無我夢中で走った。汗が全身を滝のように流れる。

なんだか世界中が自分のことを笑っているみたいに思える。

家に帰ると、ぼくの気持ちなんてお構いなしにピコが飛んできた。

「おかえり、ふみ！　今日はすごい発見をしたんだ」

「悪いけど今、ピコに構ってあげられるほど、暇じゃないんだ」

　部屋にこもろうとするぼくの肩に、ピコがちょんと乗っかった。

「どうした、ふみ。何か嫌なことでもあったのか？」

　文鳥の表情は読めないけれど、ピコはとても心配している様子だ。

「買いそびれたんだ。今日は大好きな漫画の発売日だったのに」

「すごい落ち込みっぷりだなあ。そんなにおもしろい漫画なのか？」

～～～～～～

🐦 もちろん！　物語もいいんだけど、絵がうまいんだ！

🐧 漫画にとって絵は重要なポイントだよね

🐦 人気作品だから、発売日にすぐ本屋さんに行かないと買えないんだよ。それなのに、今日が発売日だってことをすっかり忘れてさ。本屋さんを3軒もはしごしたのに、もうどこにも売ってなかった。続きが気になって、読書感想文どころじゃないよ

🐧 読書感想文を書かないための言い訳にしてないか？

🐦 ぼくは落ち込んでいるんだよ、ピコ

🐧 まあ落ち着け、ふみ。ふみの好きな漫画の話をしよう。さて、漫画はどうやって作られているか知ってるか？

🐦 まず、お話を考えて。それから描いていくんだろ？

🐧 いきなり、原稿用紙に人物や背景を描いていくと思う？

🐦 うーん。多分だけど、鉛筆で下書きするんじゃないかな

🐧 そうだね。何が言いたいかというと、どんなプロ漫画家でもいきなり本番描きはしない、ってことだ

🧅 言われてみれば、ぶっつけ本番で描くなんて無謀な話だよね

🐧 実は、読書感想文もまったく同じなんだよ

🧅 どうして今、読書感想文の話が出てくるのさ

🐧 実は漫画も読書感想文も下書きがあってこそ、書けるって話。さあ、読みおわった本を持ってきなさい

🧅 なんか、ピコの思惑通りに進んでいく気がするけど……まあいいや。この付箋をいっぱい貼った本だよね

🐧 それそれ。この付箋を貼った部分の文章を、試しに1行、紙に書き出してみてよ

🧅 そのまま書き写せばいいんだね？

私が野球少年だった頃、小学生の最後の打席で、思い切りバットを振りましたが、空振りしてしまい、そのまま試合に負けてしまいました。

🐧 ふむ、これは著者の野球選手が小学生のときのエピソードだね。さて、書き写した文章を改めて見て、どんなことを思う？

🧅 ぞっとするね。ぼくにも同じ経験がある。試合に負けたのはぼくのせいだって、そのときは思ったよ

🐧 その気持ちを文章の周りに書いてみて。これが読書感想文の下

書きになる

🐤 え、下書き？　ただのメモだよ？

🐰 いいや、立派な下書きだよ。**自分の気持ちを文字にするっていうのは重要なこと**なんだ。漫画家も、野球選手も、ふみのお父さんのようなサラリーマンだって、みんなやっているんだ

🐤 そうなんだ。でも、これの何が重要なのさ？

🐰 気持ちを頭の中で考えようとしているときは案外、自分の気持ちがはっきりしていないことが多いんだ。文字にした文章を見て初めて、自分ってこんなことを考えていたのか、と自覚することができる

🐤 卵が先か、ニワトリが先か、みたいな話だね

🐰 そうだね。頭で思うだけじゃだめで、まずは文字にして書き出すことで、自分がどんな気持ちだったのかが見えてくるんだ

🐤 なんかわかるかも。文章を書くことで自分の考えを整理することができるから、そのときに感じた気持ちに名前をつけることができるっていうのかな

🐰 そうだろう？　ふみにもそろそろ、下書きが重要だということがわかってきたんじゃないかな？

ピコのおまとめ
◎感想文を書く前に、下書きを作ろう
◎気持ちが動いた部分を書き出して、気持ちを文字にしよう

自分の気持ちを 文字にする

気持ちを言葉にできないと

自分の本心や気持ちがわからなかったり、
どんなことで困っているか、見えてこないから……

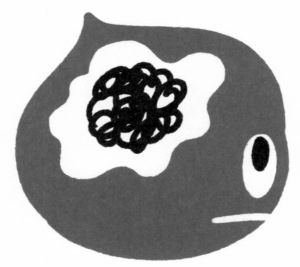

頭の中に霧が
かかったような
もやもやした
感じだね

● 困ったことがあっても、何に困っているか問題点が見えない

● 「どうしたいか」という自分の気持ちがわからない

● 問題点が見えないから、どうしたら問題が解決するかわからない

気持ちを言葉にできると

自分の本心や気持ちを客観的に見ることができて、
どんなことで困っているか、見えるから……

頭の中の霧が晴れて
自分の気持ちが
明確になる

感動した!!

言葉で表現することを
おとなの言葉で
「言語化」と言うよ

● 自分がどんなことで困っているか、言葉にできると、状況や自分
が考えていることを整理整頓できる

● 言葉にできると、周りの人に相談をするときに、正確に状況が伝
わるから、助けてもらえたり、アドバイスがもらえたりする

自分にインタビューして、気持ちの深掘りをしよう

　家族で共用しているタブレットから、動画が流れている。

　人気ユーチューバーの野球ゲームの実況動画だ。友達からすす

められて、見てみることにしたのだ。

「ふみ、テレビは楽しいのか？」

　横で一緒に動画を見ていたピコが尋ねた。

「テレビじゃなくて、動画！　ユーチューバーを見ているんだ」

「ユーチューバー？」

　ピコが小さな頭をちょこっと傾げる。

「インターネットの動画を作っている人たちだよ。ユーチューバーの中には、芸能人みたいな人気者もいるんだ」

「どんな人たちなの？」

「うん。めちゃくちゃすごい人たちだよ」

　ぼくは鼻息荒く答えた。なのに、ピコは呆れたように言う。

「これ、ふみ。すごいだけじゃ、伝わらないぞ」

〜〜〜〜〜

🐰　もう少し伝わる表現にできないかなあ……

🟤　ぼくだって気持ちくらいは言えるよ

🐰　そんな自信満々のふみには、インタビューをしてもらおう

🟤　インタビューって誰に？

🐰　ふみが、ふみにインタビューするんだ

🟤　ぼくが、ぼくにインタビューをするの？

🐰　**そうだよ。読書感想文って実は、自分へのインタビューをまとめたものなんだよ**

🟤　どういうこと？

🐰　さっき付箋を貼った部分の文章を紙に書き出しただろう

🟤　読書感想文の下書きだね。文章の周りに「ぞっとした」とか「ぼくも同じ体験をしたことがある」って書いてあるやつ

39

🐰 どうしてふみは「ぞっとした」「ぼくも同じ体験をしたことがある」って気持ちを書くことができたんだ？

🌰 それは、ピコが「どんなことを思う？」って聞いてきたから

🐰 つまり、インタビューをされたから、ふみは感想を言えたわけだね

🌰 そう言われると、そうだね

🐰 **本を読みおえたら、ひたすら自分へのインタビューを繰り返す。これが読書感想文のコツなんだ。**「どうしてそう思ったの？」とひたすら自分にインタビューして、感想で紙をいっぱいにしよう！

> 私が野球少年だった頃、小学生の最後の打席で、思い切りバットを振りましたが、空振りしてしまい、そのまま試合に負けてしまいました。

ふみの感想

「ぞっとした」「ぼくも同じ体験をしたことがある」

インタビュー「それはどうして？」

▶ 自分が打たないと負けるから、プレッシャーだった

▶ 自分のせいで試合に負けてしまったと思った

▶ チームのみんなに申し訳ない気持ちになった

▶ どうすればもっと強くなれるんだろうと思った

🐣 **まとまったの文章にしなくていいなら、ぼくでもスラスラ書けるよ**

😊 もし、ふみが野球選手のような有名人になったらインタビューされるだろう。今からインタビュー慣れしておいた方がいいぞ

🐣 野球選手になるなんてムリだと思うけど……

😊 野球選手じゃなくて、ふみの好きなユーチューバーになったとしても、インタビューはつきものだろう？

🐣 人気ユーチューバーになるのだって、ムリだと思うよ

😊 これ、ふみ。自分を否定するんじゃない。まったく、最初の自信はどこへ行ったんだ？

ピコのおまとめ

◎「言語化」した文章をさらに深掘りしよう

◎どうしてこんなふうに思ったのか、自分にインタビューしてみよう

◎読書感想文を作る順番

①付箋を貼りながら、本を最後まで読む

②感動、共感したところの文章を書き出す

③書き出した文章を見てそのときの気持ちを書く（言語化する）

④どうしてそう思ったかを自分にインタビューする

インタビューの質問リストを埋めていこう

主人公の考えに共感できなかったところは？
共感できなかったのは、どうしてだと思う？

自分が主人公だったら、
どうする？

この本を読んで、
今後の自分に生かせそうな
学びはあった？

印象に残ったセリフはある？
どんなところが印象的だった？

主人公と同じような経験をしたことはある？
どんな経験だった？　どう思った？

この本の付箋が貼ってあると
ころを読んで、どう思った？

まずはインタビューの
質問リストを作るとい
いよ！

読書感想文には型がある

「ピコのおかげで『読書感想文の下書き』ができあがったよ。自分
自身へのインタビューにもだいぶ慣れてきたし」

ぼくはそう呟いて、下書きが書かれたノートをみつめた。

はじめは、自分にインタビューするなんてちょっと恥ずかしかっ
たけれど、おかげで、自分の感想をしっかり表現できる。

　この下書きさえあれば、あっという間に書けてしまうかも。ぼくは宝の地図を手に入れたような気分になった。とびきりワクワクする、するのだけど、ぼくの「読書感想文」は、なんだかまとまりがない。

　たくさん書いてきた「読書感想文の下書き」。

　でも、これをどういうふうに使っていいのか、サッパリわからない。そして、とびきり面倒くさく感じる。ぼくは、すっかりやる気をなくしてしまった。

「これ、ふみ。読書感想文に対する熱が、冷めきっているな？」

　ピコはそう言って、憂鬱そうなぼくの顔をみつめた。

〜〜〜〜〜〜〜〜〜

● さんざん下書きをしてきたけれど、もう嫌になったんだ

🐧 何が嫌なんだい？

● だって、これ全部まとめなくっちゃいけないんでしょ？ 考えただけで面倒くさい

🐧 もったいない、ここまで来たのに！ 正気に戻るんだ！

● そんな大げさな……

🐧 ふみは誰かに宝の地図をもらったら、どう？

● うれしいよ。「宝はぼくのものだ」って気持ちになるかな

🐧 ふみは今まさしく、宝の地図を手に入れた状態なんだよ。宝のありかを知っているのに、船を降りて帰ろうとしたら、どう？

それはすごく、もったいないね

ふみは今、読書感想文の苦しみの中にいるようだから、そんなふみに読書感想文の「基本の型」を教えてあげよう

基本の型って野球でいうフォームみたいなもの？

そう、ここまで来たら、感想文は9割終わったようなもんだ

9割……って、ほぼ完成ってこと!?

いいか、ふみ。読書感想文は、4つの型でできているんだ

読書感想文の4つの型
①本の中から自分の心が動いた文章を抜き取る
②頭の中の感想を言語化する
③自分の経験で似た部分に気づき、例をあげる
④作品から学んだことを書く

①②③はもうできているよね

そう。もう3つもできているのに、諦めようとしていたんだ

そう言われるともったいないね。でも④はとびきり手強そう

心配ないよ。「ふみが学んだこと」を書けばいいだけだ

学んだことって言われてもな

自分にインタビューするところまではできているだろう？

そうだね。自分にインタビューして生まれたぼくの感想だ

ふみのインタビューの答えを見てごらん？

インタビュー「それはどうして？」

- ► 自分が打たないと負けるから、プレッシャーだった
- ► 自分のせいで試合に負けてしまったと思った
- ► チームのみんなに申し訳ない気持ちになった
- ► どうすればもっと強くなれるんだろうと思った

🐧 「どうすればもっと強くなれるんだろうと思った」このあたりが、④の「作品から学んだこと」だと思わない？　もっとふくらますことができそうだね

🐙 ふくらます？

🐧 ふみはこの本を読んで、著者の野球選手に共感したんだよね。でも、彼のように、試合に負けてしまうのは嫌だと思った

🐙 うん。ヒットを打てる選手になりたいよ

🐧 そのためには、何をすればいいと思う？

🐙 素振りをしたり、自主練習をしたりするとか？　そうしたら、打つフォームがよくなって、本番でも緊張しなくなる……かな

🐧 素晴らしい。ふみの立派な「学び」を感じたぞ

ピコのおまとめ

◎読書感想文には「基本の型」がある

◎「基本の型」を押さえれば、読書感想文は9割完成する

◎自分の経験に当てはめて感想を書く

読書感想文の
基本の**型**を押さえよう

読書感想文の4つの型

①本の中から自分の心が動いた文章を抜き取る

②頭の中の感想を言語化する

③自分の経験で似た部分に気づき、例をあげる

④作品から学んだことを書く

次の空白を埋めてみよう

『(作品名) ✎ [   ]』の

① (本の中から自分の心が動いた文章を抜き取る)

✎ [   ] を読んで、

② (頭の中の感想を言語化する)

✎ [   ] だと思いました。

なぜなら私にも、

③ (自分の経験で似た部分に気づき、例をあげる)

✎ [   ] といったことがあったからです。

④ (作品から学んだことを書く)

✎ [   ] を私はしたいと思います。

ふみの読書感想文を基本の型に当てはめると

①本の中から自分の心が動いた文章を抜き取る

私が野球少年だった頃、小学生の最後の打席で、思い切りバットを振りましたが、空振りしてしまい、そのまま試合に負けてしまいました。

②頭の中の感想を言語化する

▶「ぞっとした」「ぼくも同じ体験をしたことがある」

③自分の経験で似た部分に気づき、例をあげる

▶自分が打たないと負けるから、すごいプレッシャーを感じた

▶どうすればもっと強くなれるんだろうと思った

④作品から学んだことを書く

▶自分はもっとヒットを打てる選手になりたい

▶そのためには毎日素振りをしたり、プレッシャーに負けないためのイメージトレーニングをしたりすることが大切だと思った

▶そうすれば打つときのフォームもよくなり、本番でも緊張しなくなると思った

本を読んで今後に生かせるような「学び」があると、ハイレベルな感想文になるよ

49

磨けば
光る作品になる

「読みたい！」
と思わせる書き出しを
意識しよう

　ぼくは今、とても興奮している。なぜなら、読書感想文がほぼ9割終わったからだ。何を書いたらいいかわからなかった、あの頃のぼくはいない。

　そんな気持ちの緩みから、ついついタブレットに手が伸びる。動画を見るのがやめられない。好きなユーチューバーの投稿をチェックしてしまう。

　「今日アップされた動画は、最新ゲームの実況かあ」

　サムネイルを見るだけで、動画が見たくてワクワクしてくる。これも見たい。あれも気になる。

投稿をチェックしていると、ふと身に覚えのある「白」が目についた。その動画のサムネイルを見て、ぼくは絶叫する。

「え？　ピコが映っている!?」

人気ユーチューバーの最新動画にピコが映っていたのだった。

「気になるか？」

いつの間にか肩に止まったピコに驚いて、ぼくはまた叫んでしまった。

〰〰〰〰〰

🌰 どういうことか説明してよ！

🐤 その前に、やるべきことを、やってないのは誰だ？

🌰 うっ……

🐤 終わった気になって、読書感想文を書いていないのは誰だ？

🌰 だって、もうほとんど終わっているし……

🐤 これから教えることは、ふみの読書感想文をよりおもしろくさせる秘技なんだが……

🌰 えっ!?　読書感想文をおもしろくさせる秘技？

🐤 まあ本人が嫌なら仕方ない。現状の感想文を提出すればいい

🌰 ちょっと待ってよ。そこまで言ってないだろう

🐤 続きが読みたくなるような感想文が書けるようになりたいかい？

🌰 なりたいです

🐤 よろしい。では秘技を伝授しよう。**読書感想文は、書き出しが**

53

大切なんだ

🟤 書き出しって何？

🐧 **文章の「はじめの一文」のことだよ**

🟤 「はじめの一文」ってそんなに大切なの？

🐧 **この部分がおもしろいと、読み手が「続きが気になる」と思うんだ**

🟤 たしかに、第一印象って大事だよね。本も出だしがつまらないと、最後まで読めなかったよ

🐧 書き出しが一番、目を引く場所だからな。書き出しが個性的だと、読んでくれる先生や家族に「おっ」と一目置かれるぞ

🟤 でも、いきなりおもしろい書き出しにしろって言われても、何も思いつかないなあ

🐧 コツは、ふみが好きなユーチューバーの気分になること！

🟤 人気ユーチューバーの気分？　どういうこと？

🐧 ユーチューブでは、毎日たくさんの動画がアップされるって、教えてくれたね？　ふみは、そんなにたくさんある動画の中から、どれを見るか、何で判断しているんだ？

🟤 そうだなあ。タイトル？　でも、やっぱりサムネイルで、その動画を見るか決めているかな

🐧 そうだろう？　たとえば、ふみがユーチューバーならどんなサムネイルを作る？　どんなサムネイルだと人に見てみたいと思ってもらえるかな？

🌰 なるほど。そんな感じで書き出しも考えればいいんだね

🐦 **感想文をチェックする先生だって、ふみと同じ人間だ。どうせ読むなら、おもしろい方がいいに決まってる**

🌰 よし！　人気ユーチューバーみたいな書き出しを目指してがんばるよ！　そういえば、ピコ、あの有名ユーチューバーの動画に出てたよね？　どういうこと？　実は知り合いとか？

🐦 あれか。気になるか？

🌰 気になる！　ピコ、ずっと引きこもっているのに、いつの間に動画出演していたの？

🐦 あれはな……、ただの言葉を話さない文鳥で、ピコじゃない

🌰 え？

🐦 人違いならぬ、鳥違いだね

🌰 なーんだ、つまらないの！

ピコのおまとめ

◎おもしろい読書感想文とは、先生など読み手に続きが気になると思わせるもの

◎おもしろい書き出しにするコツは「人気ユーチューバー」や「人気作家」の気分になって作ること

◎どうしたら読み手に喜んでもらえるか、興味を持ってもらえるか、考えながら、書き出しを考えよう

こんなふうに書き出してみては

こんな書き出しにしてない？

「ぼくは〇〇を読みました」

「〇〇を読んでおもしろいと思いました」

「ぼくがこの本を選んだ理由は」

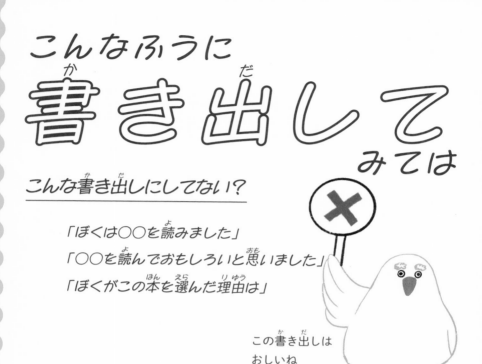

この書き出しは
おしいね

他の人と差をつけるような書き出しを作るコツがあるよ

①会話文「」（カギカッコ）から書き出す

②いきなりテーマ（結論）から書き出す

③ネガティブな意見から書き出す

せっかく書くなら
他の人よりおもしろい
感想文を書こう

個性的な書き出しにしてみよう

そう思った理由を
説明できるといいね

①会話文「」（カギカッコ）から書き出す

「ぼくと一緒だ」
ぼくは本を読みおわって、一番最初にこう思いました。

②いきなりテーマ（結論）から書き出す

弱小チームが試合に勝つには、練習が必要だ。

③ネガティブな意見から書き出す

ぼくは主人公の言っていることに、
共感できませんでした。
主人公は「試合で負けたのは、
自分の力不足のせいだ」と言いましたが、
ぼくはそう思いません。
なぜなら、試合はひとりの力で勝つのではなく、
チーム全員の力で勝ち取るものだからです。

個性的なタイトルで
目を引こう

　書き出しを一生懸命、書いている。そんなぼくをよそに、ピコは羽を器用に使って、画用紙と色鉛筆で、絵を描いていた。

「あ！　その色鉛筆、使わないでよ」

　ぼくは慌てて、ピコから色鉛筆を取りあげる。

「そんなケチなこと言ってくれるな。作品を作っているんだから」

　ピコは不服そうにぼくを見あげた。

「３年前に死んだじいちゃんからもらった、宝物の色鉛筆なんだ」

　ぼくはピコが使っていた緑色の色鉛筆をケースに戻してから、机の引き出しにしまいこんだ。

「そうか、とても大事にしてくれていたんだね」

　ピコはパッと目を輝かせて、喜んでいるように見えた。

「なんだよ、ぼくは怒っているんだぞ」

　ピコが「えっへん」と咳ばらいをして言った。

〰〰〰〰〰〰〰

🐧　さて、ふみの宝物の色鉛筆で描いた、この作品だけど

🐦　作品っていうか、ピコの落書きだろ？

🐧　ふみが現代美術を理解するには、まだ早かったかな？　この作品のタイトルは『ごはんへの渇望』っていうんだ

🐦　このぐちゃぐちゃはピコの空腹を表現していたのか……。でも、まだ餌の時間には早いよ？

🐧　そんなわけで、**作品は「タイトル」がとっても大切**ってこと

🐦　そうだけど、そんな大げさに言わなくても

🐧　大げさじゃない。読書感想文は「タイトル」が重要なんだ

🐦　言われてみれば、そうだけど……

🐧　ちなみに、どんな「タイトル」にしようと思っているんだ？

🐦　「『プロ野球選手のエッセイ』を読んで」かな

🐧　ありきたりな感じがするな

🐦　もう下書きも終わっちゃったし、変更できないでしょ？

「**タイトル**」は書き終わってからでも**変更可能だ。**ところで、ふみは夏目漱石を知ってるか？

夏目漱石？

『吾輩は猫である』を書いた小説家だ

ああ、その小説の名前は聞いたことがあるよ

その小説の名前こそ、まさしくタイトルだ。ほかには、『ローマの休日』も映画のタイトルだよ

そう言われると、ぼくはいろんな作品の「タイトル」を知っているな。タイトルってとても大切なんだね。ぼくもおもしろそうなタイトルをつけたいな。タイトルってどうやって作ればいいの？

この本を読んで、気づいたこと、学んだことがあるだろ？

強いバッターになりたい、毎日の素振りが大切、とか？

そうだ。**気づいたこと、学んだこと、その内容をタイトルにすればいいんだよ**

『強いバッターになるには素振りが大切』ってどう？

それもいいけど、もっと短くするとより目を引きやすいかな

『一振りが勝利への一歩』や、『強いバッターの日常』とか？

いいね！ **他には数字が使われたタイトルは覚えてもらいやすいよ**

『プレッシャーに負けたぼくがした10のこと』はどう？

10も何かしていたっけ？

……嘘はだめか

😀 **有名な作品のオマージュ**もなかなかいいかもね

😑 オマージュ?

😀 尊敬を込めて、似たような雰囲気に作り変えることだ

😑 それってパクリじゃないの?

😀 全部まるまる真似しているわけじゃないから違うぞ

😑 じゃあ、『野球部失格』とか?

😀 いいねえ。負けてばかりの感じがよく出ている

😑 自分で言うのはいいけど、人から言われるとなんか、腹が立っ

てきた

ピコのおまとめ

◎タイトルはたくさんの人の目に触れる部分

◎タイトルがおもしろいと、より読み手を引き込める

◎本を読んで感じたことをタイトルに入れよう

◎過去の作品をオマージュすると個性的なタイトルになる

タイトルの
決め方、選び方

タイトルに悩んだら

タイトルは、最初に決めてもいいし、最後に決めてもいい。本を読んで「気づいたこと」「学んだこと」をタイトルにできると、内容がタイトルから伝わるようになる。

こんなタイトルはやめておこう

本の題名をとって、「『○○』を読んで」というタイトルをつけていいのは小学校低学年まで。

みんなが考えつくような案では、つまらない。

今まで書いた読書感想文は
全部この書き出しだったよ

タイトルをつけるとき、他の作品も参考にしよう

タイトルが有名な作品

● 夏目漱石が書いた小説『吾輩は猫である』

● 太宰治が書いた小説『人間失格』

● ウィリアム・ワイラーが監督した映画『ローマの休日』

最近の作品でも秀逸なタイトルがある。

●『コンビニ人間』

●『君の膵臓をたべたい』

●『下町ロケット』

●『バカの壁』

●『嫌われる勇気』

原稿用紙の使い方で
他のみんなと差をつけよう

ピコが原稿用紙をくわえてきた。

5枚もある原稿用紙を器用にくちばしで挟んでいる。

いつものぼくなら原稿用紙にビクビクするけど、今は違う。立派

な「原稿用紙の下書き」があった。

このマス目の中に文字を書き写せば終わりだ。

こんなに気楽な気持ちで原稿用紙と向き合うなんて初めてだ。

あんなに憎たらしく見えていた原稿用紙。今はなんだか、かわいく見える。

ピコは、そんなぼくの様子にクスクス笑った。

「なんだよ。人の顔を見て笑うなんて、趣味が悪いな」

不服そうな顔で、原稿用紙をわざとクシャッと握ってみた。

「ごめんごめん。気が抜けた顔をしているから、つい」

ピコは、謝りながら、シワシワの原稿用紙を羽で整えてくれた。

「しかし気合を入れないとだぞ、ふみ。原稿用紙に文字を書くのはなかなか大変なんだ」

不意をつかれて、ぼくは鳩が豆鉄砲を食ったような顔をしてしまった。

〜〜〜〜〜〜〜

🐦 ただ写すだけのことだろ？　なにが大変なのさ

🐧 どんなにいい読書感想文でも、原稿用紙にきちんと書けてないと赤字を入れられるぞ

🐦 え？　感想文ってなんでも書いていいんじゃなかったっけ？

🐧 それは内容だけの話だ。原稿用紙には、ルールがあるんだよ

🐦 ルール？

🐧 原稿用紙のルールが守られていないと減点されることもある。**内容がどんなに素晴らしい読書感想文でも、原稿用紙のルールが守られていないと減点なんだ。**自由だけど唯一、不自由な部分と言ってもいい

🐣 かっこよく言っているけど、やっぱりひどいよ

🐧 たしかに、そう思うかもしれないけど、原稿用紙が正しく使えているかどうかが「読書感想文」で厳しく採点されるのは事実だからね。大丈夫。ピコと一緒にやれば減点されることはない、安心しなよ。原稿用紙のルールは、いくつかあるんだ

🐣 いくつか、ってどのくらい？

🐧 ざっと、10個くらいかなあ

🐣 うげえ。そんなに覚えきれないよ

🐧 心配しなくても大丈夫だ。すぐに覚えられるよ。ところで、ふみの書いている読書感想文の原稿用紙は縦書き？　それとも横書きかい？

🐣 縦書きだけど。なんでそんなことを聞くんだ？

🐧 実は縦書きか、横書きかでルールが変わるんだ。たとえば、縦書きの場合、数字は「一、二、三、四、五」と漢数字を使わなきゃいけないんだ

🐣 そうなの？　そんなこと知らなかったよ

🐧 おとなでも知らないって人もいるからね。他にも書き出しは1マス空ける、「、」や「。」も1マス使う、とか細々としたルールが

あるんだよ

🐦 そうなんだ。きちんとルールを確認してみるよ

🐤 ルールを簡単に押さえたところで、まずは「読書感想文の下書き」を、鉛筆で原稿用紙に書いてみてくれ

🐦 うん、それはさっき書いたよ

🐤 よし。全体像が見えたら、どこが間違っていたかわかりやすいな

🐦 ぼくが間違えたところを探すなんて、いじわるだね

🐤 わかってないね。ふみが減点されないようにしているのに

🐦 ごめんごめん

🐤 でも、人にケチをつけられるのは嫌だよな

🐦 うん。ぼくのためってわかっていても自信がなくなるよ

🐤 **もし、間違いがあっても、「提出前にみつけられてラッキー」と思ったらいい。ポジティブに考えるとうまくいくぞ**

ピコのおまとめ
◎原稿用紙にはルールがある
◎原稿用紙のルールが守られていないと、減点されてしまう

感想に一息入れたいときは改行する。
改行したら1マス空ける

ぞっとしました。ぼくも同じ体験をしたことが

あったからです。自分が打たないと負けるから、

すごいプレッシャーに感じました。そして、どう

すればもっと強くなれるんだろうと思いました。

自分はもっとヒットを打てる選手になりたいの

で、そのためには毎日素振りをしたり、プレッシャ

ーに負けないためのイメージトレーニングが一番

大切だと思いました。

　そうすれば打つときのフォームもよくなり、本

番でも緊張しなくなると思いました。

縦書きの原稿用紙の場合、
「一、二、三」など漢数字で表す

※学校やコンテストによってルールが異なる場合があります
ので、必ずご確認をお願いします

原稿用紙のルール

野球部失格

五年三組　田中　ふみ

「このままじゃだめだ。」

とこの本を読んで、ぼくは言いました。

この本の主人公は今はプロで活躍する野球選手ですが、子どもの時はそうではありませんでした。

主人公が小学校最後の打席の、ピンチの場面でバッターボックスに立ったとき、ぼくはドキドキしました。

しかし、主人公は緊張でバットを振ることができず、試合に負けてしまいました。

改行したら1マス空ける

タイトルは2マス空ける

会話やセリフにはカギカッコをつける
カギカッコは1マス使う

学年クラス名、姓と名の間を1マスずつ空ける

小さい「つ」「や」「ゆ」「ょ」は1マス使う

句点「。」と読点「、」は1マス使う

句点「。」や読点「、」は行の最初に書いてはいけないので行の最後のマスまたは枠の下に書く

文字数が足りない

　ぼくは頭を抱えていた。いくらひねっても、何も出てこない。絞りきった雑巾みたいだ。

　ピコは、餌をつまらなそうに食べている。

「ぼくがこんなに悩んでいるっていうのに、ピコはいいよな。宿題がなくて」

　ふみはピコにも聞こえるようなため息をもらす。

「ピコには、何も悩みごとなんてないんだろう」

「鳥にだって、悩みくらいあるさ」と能天気なピコが飛んできた。

「え？　悩みがあるの？　餌のこととか？」

「餌のことじゃないよ」

　いつも餌のことばっかり考えているのに、信じられない。

「本当かなあ。ピコはいつも人間のごはんを味見させてくれってうるさいもんね。小鳥にとって人間の食べ物は体に悪いんだぞ」

「ちょっとくらい、いいじゃないか。この前の夕飯の鰻丼、おいしそうだったなあ」

～～～～～～

　まったく、ピコはお気楽だね

　なんだ、ふみ。今日は荒れているな

　そりゃ、荒れもするよ。せっかく原稿用紙に書いたのにさ。あと1枚、足りないんだ

　原稿用紙なら、まだたくさんあるぞ

　そうじゃないよ。宿題では「原稿用紙3枚以上」を提出しないといけないんだ

　なるほど。それなのに、ふみは2枚しか書けなかったんだね

　もう書くことなんかないよ。ネタぎれだ！

　すごいなあ。人気作家みたいな悩みだ

　のんきなこと言ってないで、助けてよ！　どうにかして残りの

1枚を埋めなくっちゃ……

🐧 そんなふみには「肉づけ」のテクニックを教えてやろう

🐵 肉づけ？　ぼく、別に太りたいわけじゃないんだけど

🐧 太らせるのは、その読書感想文だよ

🐵 読書感想文を太らせる？

🐧 せっかくここまで書いてきて、全部やり直しは辛いだろ？

🐵 絶対に嫌だね

🐧 だったら、今ある感想文をふくらませればいい

🐵 ふくらませるといったって、どうするのさ

🐧 要所要所に、より細かい説明や気持ちをプラスしていくんだ

元の文章

そうすれば打つときのフォームもよくなり、
本番でも緊張しなくなると思いました。

肉づけした文章

そうすれば打つときのフォームもよくなり、
本番でも緊張しなくなると思いました。
ぼくがこの本を読んで学んだことは、
日々の練習は自信につながるということです。
次の試合では胸を張って堂々とバッターボックスに立てる
ように、

今日から練習をがんばろうと思います。

- 🐣 すごい！　だいぶ増えたよ！
- 🐧 この調子で、すでに書いた下書きに気持ちをプラスしよう
- 🐣 これなら、はじめから書き直さなくていいね
- 🐧 「読書感想文」はふみの気持ちを知りたいと思って、先生が出す宿題なんだ。だから、たくさん気持ちを書き出そう
- 🐣 あっという間に原稿用紙が埋まったよ。ありがとう、ピコ！
- 🐧 なあに、ふみのためならお安い御用だよ。お礼に今度、ちょっとでいいから、鰻丼を食べさせてくれないか？
- 🐣 絶対にあげないよ。ピコには長生きしてもらいたいからね
- 🐧 取りつく島もないな……

ピコのおまとめ

◎ページ数が足りないときは肉づけをしよう

◎すでに書いた感想文に、細かい気持ちをプラスしよう

◎たくさん気持ちを書くと、よりよい読書感想文になる

どうしても書くことが
なくなって
困ったら

『桃太郎』で例文を作ってみたよ

もし私が○○だったら編

もし 私が敵の家族だったら？

もしぼくが鬼の家族だったら、パパを桃太郎に倒されて、悔しい気持ちになると思います。

もし私が主人公の仲間だったら？

もしぼくが桃太郎の仲間だったら、きび団子だけで鬼を倒すのは、割に合わないと思います。平和に暮らすための他の方法を模索したいです。

もし私が主人公だったら？

もしぼくが桃太郎だったら、鬼をやっつけません。話し合いをして村のために協力できる関係を築きたいです。

74

登場人物に手紙を書いてみよう編

おじいさん、おばあさん、川で流れてきた桃を拾って、ぼくを救ってくれてありがとう。
立派に育ててくれたご恩を忘れません。

みんなにおすすめしたい編

この本はファンタジーやバトルシーンが好きな人におすすめの本です。

思い出や経験を書く編

ぼくはきび団子を食べたことがありません。桃太郎を読んで、食べてみたいと思ったので、お母さんと一緒に作ってみました。

自分と向き合い学ぶ編

キジを仲間に入れたとき、弱そうなので、鬼に勝てるのか、不安でした。でも、キジはするどいくちばしで、鬼をつついて、勇敢に戦いました。ぼくも個性を生かしてクラスのみんなに協力したいです。

最後の仕上げ
「見直し」を忘れずに

「ついに、読書感想文を書き終えた！」
　ぼくはうれしくなって、原稿用紙を掲げた。
　書き出しもおもしろいし、タイトルも気に入っている。原稿用紙も3枚書けた。
　原稿用紙のルールもしっかり頭に入れたから、間違いはない。

　終わった。あの忌々しい読書感想文が、終わった。身体中が軽くなって、スキップのひとつでもしたくなる。

　「ピコ、ありがとう！　手伝ってくれたおかげで読書感想文が書き終わったよ。あとは提出するだけだ」

　ぼくは学校に持っていくのを忘れないように、原稿用紙を2つに丁寧に折りたたんで、ランドセルにしまおうとした。

　「ちょっと待った————!!」

〰〰〰〰〰〰

🦔　うるさいな。書き終わったんだから、もういいでしょ？

🐧　甘いぞ、ふみ。見直しはしたか？

🦔　見直し？　そんなのしてないよ

🐧　甘いなあ。あまあまだ。ひとつも漢字を書き間違えてないと言えるか？　原稿用紙のルール、完璧に守られているか？

🦔　そう言われると、自信はない……

🐧　**正しく文字や原稿用紙が使えているかどうか、一緒にチェックしよう。人間、完璧に見えてけっこう抜けているからな**

🦔　たしかに。ぼくは特にそそっかしいって言われるよ

🐧　まあ、おとなでも間違えはするからな

🦔　あ！　ここ文字が抜けて「思ます」になってる

🐧　本当だ。「思います」に直そう

🦔　1文字間違えただけなのに、全部、書き直さなくっちゃいけな

いの？

🐰 とりあえず、間違いに気づいた部分に赤ペンで正しい文字を入れる

🥟 入れたよ

🐰 他にも間違いがあるかもしれん。間違っている箇所があるたび、赤ペンで正しく書くんだ

　　主人公が小学校最後の打席でバッターボックスに立ったとき、ぼくはドキドキしました。打たないと、このまま試合に負けてしまうからである。

彼はきっと、すごく嫌な気持ちだったと思ます。　　　　　　　います

家に帰りたい気持ちだったと思います。

ぼくにも同じ経験があります。

大切なところで空振りをしてしまい、試合に負けました。

🥟 書けたよ

🐰 よし。二重チェックする。ふむふむ。ふみが見逃している間違いを赤字で書き加えるぞ

　　主人公が小学校最後の打席でバッターボックスに立ったとき、ぼくはドキドキしました。打たないと、こ

のまま試合に負けてしまうから<del>である</del>**です**。

とても 彼はきっと、すごく嫌な気持ちだったと思<del>ま</del>**います**。

家に帰りたい気持ちだったと思います。

ぼくにも同じ経験があります。

大切なところで空振りをしてしまい、試合に負けまし

た。

- 🐷 なんだか赤字があると、自信をなくすな……
- 🐤 そんなことはない！　提出前に気づいたことは素晴らしいよ
- 🐷 そうかな
- 🐤 自分で確認するときは、警察のように。犯人が残した証拠をみ

つけるみたいに用心深くな

- 🐷 よし。先生に赤字を入れられないような完璧な読書感想文にす

るぞ

ピコのおまとめ

◎誤字脱字がないか、原稿用紙のルールが守られているかを

チェックしよう

◎間違いがあった場所に赤字を入れよう

◎全体を見終わったら、家族の人にチェックしてもらおう

◎チェックして赤字が入った原稿用紙を、新しい原稿用紙に

清書しよう

見直しのあれこれ

特に注意して見直しをする場所

- 横書きと縦書きのルールはあっているか
- 「です」「ます」調、「である」「だ」調が交ざっていないか
- 算用数字になっていないか
- カギカッコの閉じが行の一番上になっていないか
- 小さな（っ、ゃ、ゅ、ょ）などが文の一番上になっていないか
- 話し言葉になっていないか
- ら抜き言葉になっていないか
- 方言を標準語にして書けているか

話し言葉は書き言葉にする

- ✕「～だなぁと思います」→ ○「～と考える」
- ✕「あと」→ ○「また」「さらに」
- ✕「～みたいに」→ ○「～のように」
- ✕「全然」→ ○「まったく」
- ✕「やっぱり」→ ○「やはり」

ら抜き言葉

✕「見れる」 → ◯「見られる」

✕「決めれる」 → ◯「決められる」

ケアレスミスで赤字を入れられるのはもったいない。きちんと見直しすることで減点されないようにしよう

見直しをするメリット

　句読点が抜けていないか、改行したら1マス空けてあるか、カギカッコの決まり、漢数字の決まり、「きゃきゅきょ」などの拗音、小さい「っ」などの促音の決まりなど、原稿用紙には気をつけなければならない決まりがあります。

　これは意外とおとなでも知らない人や、忘れてしまった人も。宿題やコンテストに限らず就職活動や高校入試の小論文など、どれだけ内容がよくても、間違いがあるだけで落とされたり減点されたりします。

3

もっともっと
すごい文章が書きたい

書けば書くほど、文章はうまくなる

　夏休みが明け、ぼくは新学期を迎えた。

　ピコのおかげで、読書感想文もしっかり提出できた。

　学校から帰ってくると、ぼくはリビングにランドセルを放り出して、すぐにピコに話しかけた。

「聞いてよ、ピコ！　ぼくの読書感想文、先生に褒められたんだ」

「そうかそうか。それはよかったじゃないか！」

　ピコはうれしそうにぼくの肩へと飛んできて、ちょんと止まった。

「ピコに何かお礼をしたいんだけど、何がいいかな」

「お礼だなんて。そう言ってくれる、ふみの気持ちがうれしいよ」

　ピコはかわいらしく首を傾げる。

「まあ、でも、ふみがどうしてもお礼をしたいというなら、好きな
のは、鰻丼と蕎麦かなあ。団子も食べたい」

「だから、人間の食べ物はだめだってば！　……ん？」

　ぼくは気がついてしまった。

〜〜〜〜〜〜〜〜〜

　鰻丼も蕎麦も、団子もじいちゃんの好物だったんだ。ピコって、
もしかして……じいちゃんと食べ物の好みが似ているのかもな

　……へぇ、偶然だな……

　そんなことより聞いてよ、ピコ。宿題の読書感想文、すごく褒
められたのはよかったんだけどさ

　何かあったのか？

　実は読書感想文がうまく書けたせいで、面倒なことが起きちゃ
ったんだ。先生が「ふみの作文が上手だったから、運動会の作文を
クラスの代表で書いて」ってさ

　名誉なことじゃないか！

　そんなことないね。ぼくは文章を書くのが苦手なんだから

　ふみは、まだ自分に自信がないんだな

🦔 代表で書いた作文は冊子に載るんだって。責任重大だよ……

🐤 では、運動会がはじまるまで、特訓をしよう

🦔 今度は作文の特訓？　うーん……そもそも作文ってさ、人生において何かの役に立つわけ？

🐤 もちろん、役に立つ！　将来、大学生になってレポートを書くときや、社会人になってメールを書くときにも困らなくなる。生きていく上で、**文字でのコミュニケーションは必要**だからね

🦔 ふーん。そもそも、作文って何？

🐤 作文とは、自分の思っていることを自由に表現することだ

🦔 あれ？　読書感想文と同じじゃない？

🐤 その通り。読書感想文は「読んだ本」がテーマの作文なんだ。ふみはもう自分で感想文を書けるから、心配いらないんだよ

🦔 そうは言っても不安だけどね

🐤 なら、**自信をつけるために日記を書こう。文章は書けば書くほど、書くことに慣れてくる**

🦔 でも、いざ鉛筆を持つと手が止まっちゃうんだよな〜

🐤 ふみはたまにSNSとやらをやっているな？

🦔 うん。友達と連絡を取るのに使っているよ

🐤 そのSNSだって、自分の気持ちを言葉にしているだろ？

🦔 まあ、そうかも

🐤 自分の気持ちを表現する練習をもっと繰り返せば、長い文章も簡単に書けるようになるぞ。最近、野球の方はどんな感じだい？

- 😊 毎日素振りをしているから、遠くまで打てるようになったよ
- 🐧 よし、今のことを日記に書くんだ。他には？　試合はどう？
- 😊 相変わらず試合には負けてばかり。みんな意識が低いんだよ
- 🐧 チームメイトは勝とうという気持ちが薄いと。それも書こう
- 😊 なんだか悪口みたいだけど、いいの？　そんなこと書いて
- 🐧 **嫌な出来事も、不満もれっきとした気持ちなんだ**
- 😊 いいことばかり書かなくちゃいけないのかと思っていた
- 🐧 **日記は自分だけしかみないから、何を書いてもよい。**自由だ。

ただ提出をする予定があったり、他に読む人がいるなら話は別。人を傷つけることは書いてはだめだ。

- 😊 自分だけが読み書きする日記なら、自由に書いていいんだね
- 🐧 自分の気持ちを文字にするとな、メリットもあるんだ。気持ちを文字にすると、頭の中で整理ができるんだよ

ピコのおまとめ

◎作文とは自分の思っていることを自由に表現すること

◎日記は自分だけの気持ちをつづってよい

◎気持ちを文字にすると、感情の整理ができる

◎マイナスな感情は、自分の気持ちと向き合えるから、成長

できるチャンス

自分の気持ち
を表現するなら

自分の気持ちを伝えるのが苦手なら、
次の４ステップをやってみよう！

勉強しなよ

ステップ1
自分の今の気持ちを頭に浮かべる

明日、テストなのに勉強してないから……
ぼくの今の気分はあまりよくない。

ステップ2
思い浮かんだ気持ちを知っている言葉に置き換える

なるべくたくさんの気持ちを書き出してみよう。
たくさん書き出すことで、より適切な表現がみつかる。
不安、ドキドキする、ヤバイ、つまらない、退屈、うつうつとしている、飽き飽きしている、お母さんに怒られると思うと憂鬱。

ステップ3
言葉を文字にする

明日、学校でテストがある。

なのに、ぼくはまったく勉強をしていないから、憂鬱だ。

悪い点数だったらと思うと不安だし、勉強をしていないことがお母さんにバレたら、怒られるだろう。

ヤバイと思っているけど、勉強に飽き飽きしていて、机に向かうことができない。

ステップ4
文字にした言葉を日記に記す

文字にして書き留めておくと、後で見返すことができる。

見返すことで、気持ちの表現が増えていくことが実感できるよ。

ありきたりな表現ばかり
使ってない？

「実はふみに秘密にしていたことがあるんだ」

　改まった様子のピコはぼくの机に正座をするように、ちょこんと止まっている。

「秘密って？」

「ふみが知ったら、なんで最初に教えてくれなかったんだって思う

かもしれない。でもやっぱり、本当のことを言いたいって思ったんだ」

「そんなこと思わないよ。小鳥の秘密なんて、人間にとっては、大したことないよ。ね、言ってみなよ」

　ぼくは深刻そうな空気を和らげたくて、軽い口調で応える。

「文鳥の姿をしているけれど、実はふみのじいちゃんなんだ」

　ぼくはピコが言っていることが信じられなくて、疑いのまなざしでピコの小さな瞳をみつめる。

〰〰〰〰〰〰

🐧 ええ？　ピコが実はじいちゃんだったってこと？

🐧 そうだ。どうしても、もう一度だけ孫のふみと話がしたくて、神様にお願いしたら、ピコの体に転生させてくれたんだよ

🐧 それは本当!?　ヤバイ！　すごい！

🐧 まだまだ、ふみは「ヤバイ」「すごい」ばっかりだなあ

🐧 だって、思わずそう言っちゃうんだもん

🐧 ふみは今までずっと文章の特訓をしてきただろ？　どんなふうにヤバイのか、どんなふうにすごいのか、じいちゃんに言葉で伝えてくれないか？

🐧 ヤバイっていうのは……。びっくりしたっていう意味だよ。それと、もし、その、ピコというか、じいちゃんの言っていることが本当なら、ぼく、とてもうれしいって思ったんだ。すごいって言っ

たのは、大好きなじいちゃんとまた話ができるなんて思ってなかったから、すごくうれしいっていう意味だよ

ありがとう、ふみ。じいちゃんもふみと話ができてうれしいんだ。ふみがこうして、気持ちを言葉にしてくれると、じいちゃんもふみの考えていることがわかる。孫の成長を感じるのはうれしいよ

あれ、本当だ。昔に比べて、スラスラと言葉が出るようになった気がする

ふみの「ヤバイ」「すごい」には、「びっくりした」「うれしい」っていう言葉が隠れていたんだね。じいちゃんにしっかり伝わったよ。

ぼく、こんなにたくさんの気持ちを持っていたんだね

そうなんだよ。じいちゃんが神様にお願いしてまで、ふみにもう一度、会いにきたのは、このことを伝えたかったからなんだ

そうなの?

気持ちを言葉にすることは、ふみが思っている以上に大切なことなんだ。「びっくりした」や「うれしい」という言葉でも十分かもしれないが、もっと人の心をつかめる表現があるんだよ

人の心をつかむ表現ができるようになると、何かいいことがあるの?

もちろん、あるよ。じいちゃんが、おばあちゃんと結婚できたのも、気持ちが伝わるように表現したからだよ

おばあちゃんと結婚したのも!? そうなんだ! じいちゃんに

教えてもらいたいことがいっぱいありそうだ。まだ天国に戻ったり

しないよね？

🐤　そんな顔しなくても大丈夫だよ。ふみのことが心配で、当分は

成仏できそうにないから

ピコのおまとめ

◎「すごい」をいろんな言葉で表現してみよう

◎何が「すごい」のか書き出してみよう

◎好きなものを語る気持ちで書くと、スラスラ書ける

◎難しい言葉を使わなくても素直な気持ちで十分伝わる

◎「類語辞典」を使って、同じ意味の気持ちを別の言葉で

表現してみよう

気持ちを言葉にできると人生が豊かになる

一生涯ついてまわる文章力

　人生のさまざまな場面で、文章を書くことになるから、おとなになるにつれて、苦手とは言っていられなくなる。

　たとえば……

中学・高校・大学受験の小論文

　自分の入りたい学校の入学試験で、小論文が出される場合もある。

高校のレポートや大学の卒業論文

　受験が終わった後も、進級するための単位を取るには、課題のレポートがある。

　大学では卒業論文を書かないと、卒業できない学校も……!?

94

おとなになって、仕事を探すときに就職活動をする

　就職活動でも文章力はついてまわる。

　就職活動では、入りたい会社に履歴書を送る。

　履歴書には、志望動機や学生時代に力を入れたことなど、自分の能力をアピールするための文章を書く。

社会人になると、仕事で毎日のように文章を書くことも……？

　プレゼンテーション、商品の広告・宣伝、報告書、議事録、指示書、情報共有など、会社の上司や取引先に見せる文章を作ることもある。

　「きみの書いたものはわかりづらいな」

　「もっとわかりやすく説明してくれないか」

　と言われないように、相手が理解しやすいよう伝えるには、文章力は大切なスキル。

　SNSなどでも、もちろん人の心を動かすための文章の力は必要。

　だから、今から文章を書くのに慣れておくと、一生涯、きみの役に立つよ！

「ドキドキ」「ワクワク」
オノマトペを知ろう

「ただいま〜！　じいちゃん、聞いてよ〜」

ピコが実はじいちゃんだとわかってから、ぼくは今まで以上に鳥カゴの前で過ごす時間が多くなった。

学校から帰ってランドセルを置くと、じいちゃんの姿を捜した。

いつもなら、リビングの鳥カゴで昼寝をしているか、テレビで時代

劇を見てるのに、ピコの姿が見当たらない。

「……じいちゃん？　いないの？　まさか……」

　ぼくはいつかこんな日が来るんじゃないかという気がしていた。

　じいちゃんはぼくに伝えたいことがあって、転生してきた。だから、それをぼくに伝えたら、また天国に戻っちゃうんじゃないかって気がしていたんだ。

　じいちゃんがいなくなってしまうなんて……。悲しくて胸がズキズキと痛む。目の奥がツンとして、涙がすうっとこぼれそうになる。

「呼んだ？」

　突然、耳元で声をかけられたぼくは、腹の底から叫んでしまった。

〜〜〜〜〜〜

　いきなり大きな声を出すんじゃない！　驚くじゃないか

　いきなり話しかけられて、心臓が止まるかと思ったよ

　突然、叫ぶから驚いたぞ

　ぼくだって、まだ心臓がドキドキしてるよ

　一体、どうしたんだ？

　じいちゃんがいなくなっちゃったと思ったんだよ

　それで、ハラハラ、ドキドキしたんだな。ちょうどいいから、今日はオノマトペについて教えよう

　オノマトペ？

　さっきから、ふみが使っていただろ？　**ドキドキって気持ちを**

音で表現していたね。これをオノマトペっていうんだよ

オノマトペとは

音や声、状態などを音で表した言葉。大きく３つに分けられる。

擬音語……自然界の音を文字で表したもの

擬声語……生き物の声などを文字で表したもの

擬態語……状況や感情など音が出ないものを文字で表したもの

ぼく、知らない間に使っていたよ

オノマトペは、よく漫画でも使われているな

主人公が怪我したら「ズキズキ」って近くに書いてあるね

怪しい雰囲気のシーンには「ゴゴゴゴゴ……」とかな

身近にあふれてるんだね

オノマトペを使うとイメージがしやすくなるしな

イメージ？

たとえば、わしの好きな鰻の蒲焼きで比較してみよう

オノマトペなし

「おいしい、国産天然鰻の蒲焼きです」

オノマトペあり

「タレの香ばしいにおいがふわっと。一口かじると、皮はパリッとカリカリ、中はフワフワ。舌の上でトロッととけてしまいました」

おいしいって言っていないのに、おいしそうに聞こえるね

作文にもこんなふうにオノマトペを入れたら、臨場感が出るよ

ピコのおまとめ

◎オノマトペを使うと、想像力をかきたてられる

◎オノマトペを使うと、読み手に気持ちが伝わりやすい

◎オノマトペを使うと、情景が浮かび、リアリティが増す

◎においや味、物音がわかる文章は共感されやすい

◎五感を刺激する表現は共感されやすい

オノマトペって何？

擬音語 ▶ 自然界の音を文字で表したもの

電車がガタガタ揺れる

本をパラパラめくる

ハンバーグがジュージュー焼かれる

雨がザーザーと降る

窓ガラスがガチャンと割れる

擬声語 ▶ 生き物の声などを文字で表したもの

ネコがニャーニャーと鳴く

どこからかクスクスと笑い声が聞こえる

鳥がチュンチュン鳴く

お母さんがペチャクチャしゃべる

赤ちゃんがオギャーと泣く

擬態語 ▶ 状況や感情など音がでないものを文字で表したもの

胸がドキドキする

友達にジロジロ見られる

うまくいかなくてイライラする

かわいい姿にキュンとする

臨場感を出したかったり、感覚をリアルに伝えたかったりする
ときに、オノマトペを使うといいよ！

オノマトペなし

部屋の明かりが消えた。ぼくは鳥肌が立った。身体と
膝が震えて、歯も鳴っている。ぼくは振り返り、驚い
た。

オノマトペあり

フッと部屋の明かりが消えた。ぼくはゾクリと鳥肌が
立った。身体がブルブルと震え、膝がガクガクした。
歯もガチガチと鳴っている。ぼくは恐る恐る振り返り、
ぎょっとした。

臨場感が
出るね！

「もの」と「動き」で 強調しよう

ぼくはラジオから流れる野球中継に耳をすませる。

試合は現在、9回裏。つまり試合の終盤だ。

ぼくの応援しているチームは0対3で負けている。この試合、勝つのはかなり厳しいだろう。それでも、ぼくは応援を止めない。

最後の選手がバッターボックスに立った。

彼がこの試合の運命を握っている。ホームランで一打サヨナラ逆転のチャンスだ。

打て。打て。ぼくは固く手を握りしめて祈る。

ラジオに全神経を集中させた。

「ピッチャー投げました。打ちました！

　ボールは伸びていく。なんと！　特大ホームランだ！

　逆転だ！　逆転満塁サヨナラホームラン！

　笑顔で帰ってきました、ランナーが！　しっかりとホームベースを踏みしめて、今、ホームイン！　4対3。一気に4点に逆転しました。これがこのチームの底力だ！」

　会場がブワッと歓声に包まれて、勝利の瞬間を知る。

　ぼくは、まるでその場所にいるみたいな気持ちになった。

〜〜〜〜〜〜〜〜

🐧 ふみの応援していたチーム、勝ったんだね

🦭 逆転したんだよ。すごいでしょ！

🐧 興奮しているな

🦭 試しにラジオで聞いてみたら、すごいリアリティがあってさ

🐧 ラジオには映像がない分、想像力をかきたてる力があるからな

🦭 アナウンサーの解説に迫力があって、会場の雰囲気が手に取るようにわかったよ

🐧 彼らはうまく「もの・人」と「動き」の組み合わせで状況を伝えているからね

🦭 何それ？

🐧 作文にも使えるし、取り入れてみようか

「もの・人」＋「動き」で表現した場合

ピコ（人）が ぼくのおやつを食べた（動き）

🥟 すごくシンプルな感じだね

🐧 その分、誰が読んでも状況をイメージしやすいんだ

🥟 でも、もっとインパクトのある文章を書けるようになりたいな

🐧 なら、逆にしてみよう

🥟 逆？

🐧 「動き」と「もの・人」の表現にする

「動き」＋「もの・人」で表現した場合

ぼくのおやつを食べたのは（動き） ピコだ（人）

🥟 同じ文章なのに、順番を変えるだけで印象が違うね

🐧 言葉のパワーが増すんだ

🥟 表現を変えるだけで、臨場感やリアリティが伝わるんだね

🐧 これにオノマトペを入れるともっとすごみが出るぞ

「もの・人」＋「オノマトペ」＋「動き」で表現した場合

ぼくのおやつをこっそり（オノマトペ） 食べたのは（動き）ピコだ（人）

🐱 よりイメージもしやすいし、意味がダイレクトに伝わるね

🐧 簡単に真似できるから、ぜひとも取り入れてみてほしい

🐱 さっそくやってみるよ

🐧 おっと。これからじいちゃんの好きなラジオがはじまるぞ

🐱 どんなラジオを聞いているの？

🐧 『モテモテカラスが恋するラジオ』だ

🐱 どんな内容か、手に取るようにわかるよ……

ピコのおまとめ

◎読み手に伝わりやすい文章を書くには「具体的なもの・人」＋「動き」の表現をする

◎より文章にパワーを出したいなら「動き」＋「具体的なもの・人」で表現をする

◎「具体的なもの・人」＋「オノマトペ」＋「動き」でもっと印象を強めることができる

ありきたりな表現を使わない方が

思いは伝わる

感情を文章にするとき、形容詞だけではありきたりな表現になってしまう。
そこで、感情を「名詞＋動詞」で表現することで、読んだ人の心に響く表現を作れるよ！

形容詞などの
ありきたりな表現 → 形容詞を使わない表現
（動詞、オノマトペ、具体的なセリフや数字）

感動する → 感情がドッとあふれる。心がふるえる。
感動の波がおしよせる。

うれしい → 心の中にポッと明かりがともる。
ギュッと抱きしめたくなる。

こわい → 背筋がゾッとする。体感マイナス5度。

かなしい → 涙がグッとこみあげる。
目がウルウルする。

びっくりする → 思わず「えっ！？」と声が出た。
言葉を失う。

おもしろい → 声を出して笑う。笑いをこらえる。

むずかしい → 頭を脳ませる。

　　　　　　　難問を与えられた。

不安になる → 足元から崩される。足元がグラつく。

　　　　　　　渦の中へと落とされる。静かに叫

　　　　　　　んでいる。

怒る → 胸の中を嵐が吹き荒れた。

　　　　全てを燃やしつくすような熱い感情。

　　　　ふつふつと感情がこみあげてくる。

美しい、きれい → 思わずうっとりする。

　　　　　　　　　世界観に魅了される。

きらい → 吐きそうだと思った。目を背けたくなる。

動詞＋名詞で名詞をより強調する

弾け飛ぶ青春エネルギー

出合えた　一生モノの本

揺さぶられる感情

安眠できる本

旅行に行きたくなる本

次にだまされるのはあなた

心に効く1冊

ひらがな派？ カタカナ派？ 表記を変えて インパクトを与えよう

　なんだか、ずいぶん静かに感じる。じいちゃんが、カゴの中で眠っているのだ。

　普段はやかましいじいちゃん。こうしておとなしく眠っていると、ただの文鳥のように見える。だまっていればカワイイんだけど……。

　そこでぼくは、ふと気がつく。あれ？

「かわいい……」「カワイイ……」「可愛い……」

　同じ言葉でも、ひらがな、カタカナの２つの表現がある。漢字で

書くと「可愛い」と表すし……。

　ぼくは大発見をした心地になる。

「そんなに褒められると照れるな」

　寝たふりをしていたじいちゃんが、恥ずかしそうな顔をした。

ーーーーーーーー

🐧　そんなふうに思ってくれていたなんて

🐦　なんのこと？

🐧　何度も「かわいい」って言ってくれたじゃないか

🐦　ああ、それは違うよ

🐧　違うのか！　ショックだ

🐦　そんなことより聞いてよ、じいちゃん

🐧　そんなこと……。ショックだ

🐦　「かわいい」にも「カワイイ」と「可愛い」の表現があるんだ

🐧　表記の違いじゃな

🐦　これってどれを使えば正解なの？

🐧　いいところに気がついたな。ではまず、見比べてみよう

「ひらがな」「カタカナ」「漢字」の表記の違いについて

珈琲は大人の飲み物だから、密かに憧れる

コーヒーはおとなの飲み物だから、ひそかに憧れる

🐧 **漢字の表記は難しい印象を与えたり、硬い雰囲気だったりするな**

🐙 **ひらがなだと、やわらかい印象だね**

🐧 **カタカナはシャープな感じがするな**

🐙 で、結局どれを使うのが正解なの？

🐧 答えは……。どれを使ってもよい。これは文章をうまく見せるテクニックのひとつなんだ

　　　「ピコが好き」

　　　「ピコがすき」

　　　「ピコがスキ」

🐧 じいちゃんへの愛のメッセージを見比べてみよう

🐙 漢字は知的に見えるね

🐧 ひらがなは、幼くてかわいい感じがするだろう

🐙 カタカナはなんだかドキッとするかも

🐧 **表記を変えることで、インパクトを与えることができる**んだ

🐙 同じ言葉でもこんなに印象が変わるんだ。ぼくもやってみるよ

🐧 ダケドナンデモカンデモ　カタカナニスレバ　イイッテワケジャナイ

🐙 うわ！　何だよ急に

🐧 「だけど、なんでもかんでもカタカナにすればいいってわけじ

ゃない」と言ったんだ。多用すると読み手を不快にさせることもある

る

🦔 たしかに。ものすごく読みづらかったよ

🐧 「ひらがな」「カタカナ」表記はここぞというときに使うのがポイントだな

🦔 普段はなるべく漢字を使うよ

🐧 ところで、ふみにとって、じいちゃんはどんな印象のかわいさかな？

🦔 「カワイイ」かな

🐧 ほほー。シャープな雰囲気か？

🦔 ペットの文鳥にじいちゃんの魂が入っているんだ。だから、別次元の、宇宙人みたいなものを愛でるイメージかな

🐧 ショックだな

ピコのおまとめ

◎「ひらがな」や「カタカナ」表記にすることで、言葉の印象を変えることができる

◎ひらがなやカタカナが多過ぎる文章は読みづらい

◎普段はなるべく漢字を使おう

◎ここぞというときに表記を変えれば、インパクトを与えられる

漢字？ ひらがな？ カタカナ？
どれがいい？

　同じ文字が続くと読みにくくなるから、適度に漢字とひらがなが交ざっている文章になるのが理想。

ワレワレハ
トッテモ
ハートフルナ
ウチュウジンダ

だから漢字と
ひらがなとカタカナは
適度に交ざっていた方が
読みやすいんだよ

なんて言ってるか
わかりにくいね

我々はとっても
ハートフルな
宇宙人だ

　漢字やひらがな、カタカナで書くのが決まっている言葉もある。
一方で、ひらがなとカタカナ、漢字で細かな感情を表現できる文
章もある。

　　　文鳥のピコは格好良い

　　　ブンチョウのピコはカッコイイ

　　　ぶんちょうのピコはかっこいい

　読み手の受け取る感情が少し変わる気がするね。

重要な言葉は
カギカッコで目立たせよう

今日は待ちに待った運動会だ。

開会式で、選手宣誓の言葉を聞いたとき、胸がドキドキした。

最初の徒競走、負けるわけにはいかない。

野球クラブの一員として1位を取りたい。そう思って、スタートを切った。

誰よりも速く走るぼく。野球クラブのチームメイトの声援が聞こえた。

「ふみーがんばれー」

隣のクラスの鈴木君に抜かれそうになりながら、どうにかゴールテープを切った！

ぼくは運動会を無事に終えた、その帰り道でため息をついた。

〜〜〜〜〜〜〜

🐧 ぼくなんかが書けるのかな

🐦 これ、ふみ。せっかく徒競走で1位を取ったというのに、どうした？

🐧 運動会の作文がぼくを嫌な気持ちにさせるんだ

🐦 何を言っているんだ

🐧 とにかく不安なんだ。ぼくに務まるのかな

🐦 運動会では大活躍だったのに、作文では自信がなくて怖いって感じだな

🐧 そうなんだ

🐦 今日、起こったことを思い出してごらん？ **作文も読書感想文と一緒で、準備と下書きが大事なんだ**

🐧 くるしかったけど、徒競走で1位になれたんだ

🐦 ふみの活躍で赤組は優勝したと言ってもいい

じいちゃんのひいき目だね

運動会は大成功だったよね

いろいろ思い返したら、書けそうな気がしてきた

プレッシャーに打ち勝った運動会

校庭に応援の声がひびく。

運動会は終盤に差し掛かっている。

まもなく徒競走がはじまる。ぼくはこの徒競走で1位を狙っていた。

「1位を取れなかったら、どうしよう」

そう思うと、プレッシャーに押しつぶされそうになった。

でも、ぼくの憧れの野球選手は、どんなプレッシャーにも負けない。

ぼくは、彼のようになりたい。

ぼくはイメージした、1位を取った自分を。

「ボクハデキル」

自分に言い聞かせた。みんなの歓声が大きくなる。

「いちについて、よーい、ドンッ」

夢中で走った。

全力で手足をタッタッタッと動かした。

後ろから足音が迫ってくる。ぼくは心臓が口から飛

び出しそうだった。必死だった。逃げ切った。ゴール
テープがひらりと舞う。

「はあはあはあ」

ぼくは肩で息をしながらへたりこんだ。気がついた
ら、ぼくは1位のフラッグを手にしていた。

野球クラブで走っていたおかげだと思った。

「やるじゃん、ふみ」

とみんなが言ってくれた。

「みんなの応援のおかげだよ」

とぼくらは肩をたたきあった。

この運動会で、毎日の積み重ねはとても大切だと思
った。ちょっとずつがんばっていることが、本番につ
ながるんだと実感した。

毎日たくさん練習してきたからできたことだと思
う。なりやまない はくしゅが誇らしかった。

運動会も、毎日の生活も、努力していこうと思った。

こんな感じかな？

よく書けているじゃないか

なりやまない はくしゅが誇らしかった。

🧅 ここ、ひらがなにしてインパクトを与えようとしたんだけど読みづらいかな？

🐤 ここはふみにとって、重要な言葉なんじゃな

🧅 うん。だから、表記を変えてみたんだ

🐤 こういった**重要なワードには「」（カギカッコ）をつけて強調してみよう**

🧅 カギカッコ？

「鳴りやまない拍手」が誇らしかった。

🧅 なんだか目を引くね！

🐤 カギカッコは読みやすさをキープしたまま目立たせることができるんだ

🧅 カギカッコって会話文以外にも使っていいんだね

🐤 そうなんだ。**言葉を強調するには、いろんな技がある**んだよ

🧅 よし、この調子で見直しまでするぞ！

🐤 じいちゃんも一緒に読んであげよう。いい作文が書けそうで、じいちゃんも安心だよ。小鳥に転生したかいがあったってもんだ

ピコのおまとめ

◎ 強調したい言葉には「」(カギカッコ)をつける

◎会話文以外にも「」(カギカッコ)を使用してよい

◎言葉の強調の「」(カギカッコ)は改行しなくてよい

他にもあるよ！
目立たせる
ためのコツ

ある言葉を強調したいときは

「鳴りやまない拍手」が誇らしかった。

「」カギカッコでくくると、文の中の重要な言葉が目立つようになり、注目してもらいたい箇所が伝わる。

タイトルや見出し、語句を強調したいときは

【赤組優勝！】プレッシャーに打ち勝った運動会

【】すみつきカッコは、大事な言葉に使う記号で、タイトルの中で特に伝えたい箇所が伝わる。

カギカッコにもいろいろあるから使い分けよう！

「　」**カギカッコ**……………セリフや大事な言葉に使う。

【　】**すみつきカッコ**………タイトルの中の大事な言葉や、大事な箇所に使う。

（　）**丸カッコ**………………補足説明や言い換え、注釈を入れるのに使う。

『　』**二重カギカッコ**………カギカッコの中の文字の強調や本のタイトルに使う。

［　］**大カッコ・角カッコ**…注記、引用、補足を入れるのに使う。

がんばれ

おわりに

　重く鈍い雲の色も、最近はすっかり薄くなった。

　どこからか梅の香りがする今日、ぼくは全力で走っていた。

　そこら中から甘い香りがする。

　でも時折冷たい風が、置き忘れた荷物みたいに肌をなでてゾクッ

とさせる。

　まだまだ寒い。でも……春だ。

　もうすぐ春なんだ。

『春夏秋冬の思い出』

　文章の上手な人たちによって書かれた、年間行事の作文集。

　その冊子に、ぼくの作文が載っている。

跳ね回りたいような、じっとかみしめたいような不思議な気分。

うれしい。ちょっぴり恥ずかしいけれど。

でも、とても誇らしい。

ぼくはずっと自分の気持ちを誰かに伝えたかったんだと思う。

でも、どうやって伝えたらいいか、わからなかった。

そんなぼくを、じいちゃんが導いてくれた。

「気持ちを言葉で伝えることは大事なんだ」って引っ張ってくれた。

どうしたって照れくさい。

だけど、今すぐこの冊子をじいちゃんに見せたい。ぼくは玄関のドアを開けて、飛び込むように家の中に入った。

じいちゃん、喜んでくれるかな。心臓のドキドキが身体中をおおっていた。

「じいちゃん！　じいちゃん！」

いつもの鳥カゴの中に、じいちゃんはちょこんと座っていた。

「見てよ、じいちゃん！　ぼくの作文、しっかり載っているよ！」

「チチチ」

「先生にも、友達にも褒められたんだ。気持ちの表現がうまいって。みんなで読んで、運動会の思い出話をしたんだよ」

「チチチ」

なんだか変だ。じいちゃんらしくない返答だ。

「どうしたんだよ。文鳥の真似なんかしちゃって。まるで、じいち

ゃんが転生してくる前のピコみたいだよ」

「チチチ」

「……その冗談、笑えないよ」

　ぼくが何度も自分の気持ちを言葉にして伝えても、じいちゃんは「チチチ」としか言わなかった。

　じいちゃんは、ただのピコになってしまった。

　丸くって、ふわふわで、かわいい。ただの文鳥の、ピコに。

　ぼくが立派に気持ちの表現ができるようになったから、だから、じいちゃんは天国に戻ったのかもしれない。

　ピコは、欲張りもせず餌をつついている。机に置いてある和菓子をほしがったりもしない。前からぼくの家にいるピコだ。

　しゃべらないし、ぼくが宿題をしたかどうかも気にしない。

　ぼくは必死で状況を整理しようと試みた。

　じいちゃんと最後に交わした言葉はなんだっけ。

　何を話して、学校に行ったっけ。

　奇跡みたいなじいちゃんとの時間。

　それがこんなに突然、終わってしまうなんて。

　ぼくの目から、涙がポロポロとこぼれ落ちた。

「じいちゃん。じいちゃん」

出てくるのは後悔ばかり。もっと気持ちを伝えておけばよかった。もっと素直になればよかった。

うるさく言われると、ついつい生意気なことを言った。

悔しい。悔しいな。ぼくっていつもこうだ。

せっかく自分の気持ちを伝える力がついたのに、それをきちんとじいちゃんに伝えていなかったことを悔やんだ。

涙をぬぐいながら、日課となっている日記を書く。

涙で文字がじわじわ滲んでいく。

お父さんも、お母さんも誰も知らない。

ぼくとじいちゃんだけの時間。

まるで嘘だったみたいな、楽しかったじいちゃんとの日々が、きちんと日記には残っていた。

文章がうまくなりたくて、夏休みが終わってからも、日記を毎日つけていたからだ。

止まらない涙を、そのままにして日記を書き続ける。

一方通行の感情表現。

でも、伝え続けることに意味があるような気がする。

今日の日記の最後には、じいちゃんへのメッセージを書こう。

悲しみに震えながら、その日の日記の最後をこう締めた。

「じいちゃん。ありがとう」

あとがき

最後まで読んでくださりありがとうございました。著者のこな・つむりです。

私は読書感想文の講座を開いていて、これまでにたくさんの子どもたちの読書感想文を見てきました。最初は戸惑いながら講座に参加していた子どもたちも、最後には達成感でいっぱいの顔で帰っていかれます。

子どもの人数分だけ、作品の数だけ、答えがあって、感想文に正解はありません。

よく講座に参加された親御さんから「ありきたりではない、表現力の豊かな文章はどうしたら書くことができますか？」と、質問を受けます。

それは普段の何気ない会話でいいのです。

「今日の夕日からは天使が降りてきそうだね」って投げかけてみる。すると、子どもから、

「そうかなぁ、あそこのグラデーションみたいなスペシャルミックスジュースがあったら飲んでみたいな」などと思いもよらない返事が返ってきます。

「きれいだね」で終わらせない言葉をいくつも言わせてみること。それが表現のトレーニングになります。

大切なことは、その表現を否定しないことです。

子どもたちそれぞれの感想は、我々おとなには考えられないような、オリジナリティのある発想と表現力で、毎度のように唸らされます。その自由な心の声をなかったことにしないで、ちゃんと受け止めてあげてほしいのです。

感情を文字化することは普段のコミュニケーションで十分、上達することができます。

「こんなとき、どう思う？　私はね、こう思うよ」

　まずは普段の会話の中で、テレビを見ながら、ドライブの最中、夕ごはんを食べながら、話してみてください。

　また、読書感想文の提出が任意の学校がこの数年で、グッと増えました。私自身も本の感想を伝える手段として、原稿用紙にこだわっているわけではありません。

　読書感想文の本を書いておきながら、こんなことを言うなんて、と思われそうですよね。

　文を書くことが好きな子は原稿用紙でいいのですが、絵が得意な子は絵やPOPで、動画編集に興味のある子は小説紹介動画で表現しても構わないと思っています。

　本を読んで、思ったことを表に出すことをやめないでいただきたいのです。好きな本のどんなところが好きなのか、上手に友達に伝えられると、友達も「その本おもしろそうだね」と言って読んでくれます。自分もうれしくなって、もっと本を読もうと思えます。そして、もっと魅力的に伝えようと努力します。

　私は長らく書店員として働いていましたから、子どもたちに向けて読書感想文の講座をはじめたのも、「活字離れを食い止めたい」、それが私の元々の願いでした。

　最後に、この本を出版するにあたりご協力いただきました方々、KADOKAWAの担当さん、ピコとふみをかわいがってくださりありがとうございました。

　講座を重ね、子どもたちと向き合うたび「こんな気付きがあるのか……」と驚きの連続です。読書感想文講座に参加してくださった方々、講座に協力してくださる図書館の館長さんや司書さんたち、書店員さんたちのおかげで本の出版に至ることができました。心より感謝いたします。

　これからもまた、講座で皆さんを笑顔にできますように！

ペットのピコが急にしゃべりだして、
文章の書き方を教えてきたんだけど!?

2024年2月7日　初版発行

著者

こな・つむり

発行者

山下直久

発行

株式会社KADOKAWA

〒102-8177東京都千代田区富士見2-13-3

電話0570-002-301（ナビダイヤル）

印刷所

大日本印刷株式会社

製本所

大日本印刷株式会社

お問い合わせ

https://www.kadokawa.co.jp/

（「お問い合わせ」へお進みください）

※内容によっては、お答えできない場合があります。

※サポートは日本国内のみとさせていただきます。

※Japanese text only

定価はカバーに表示してあります。

©conatumuri 2024 Printed in Japan

ISBN 978-4-04-682215-4　C8081